はじめに――誰でも簡単に、癒しの連鎖が広がる新しい時代へ

たったの1分間で、誰もが簡単にヒーリングできる！

「そんな短時間で、本当に？」

はい、1分間で充分です。

その理由は、「そういう時代」になったから。

この本では、「そういう時代」とは、どんな時代なのか？　そして、1分間でヒーリングできる具体的な方法について書いています。

誰もが、簡単にヒーリングできる時代になったから、もう外側のなにかに依存する必要はありません。

あなたが自分で、自分自身を癒し、まわりにも自然に「癒しの連鎖」が広がっていく……そんな「新しい時代」になったのです。

さあ、さっそくヒーリングの世界へご一緒しましょう！

この本を読み進めていただくにあたって

この本は、ヒーリングのエネルギーが満ちた**「癒しの次元」**と交流しながら書きました。

そのため、読み進めるうちに、僕のお話会でよくあらわれる「3つの現象」を体験するかもしれません。

特徴① とても眠くなる

特徴② 体調がよくなる

特徴③　金粉が出る

こうした現象は、ヒーリングのエネルギーと交流することで起こります。

ヒーリングのエネルギーに触れると、全身の氣の流れがよくなって、温泉に入ったあとや、マッサージを受けたあとのような状態になります（ヒーリングで、からだが温かくなるのはそういう理由です）。

その結果、眠くなったり、体調がよくなったりするんですね。

③の「金粉が出る」については、正直なところ理由はよくわからないのですが、お話会では、ご参加者の手のひらや顔、衣服などによくあらわれます。

魂の喜びが輝きとなって、そのまま形にあらわれたのかもしれないし、「癒しの次元」の、明るくてキラキラした雰囲氣が地球にあらわれると、「金粉」という形になるのかもしれません。

以上のような理由で起こる「3つの現象」を楽しみながら、どうぞリラックスして読み進めていただけたらと思います。

「手っとり早く、1分間ヒーリングがしたい!」という方は第2章からご覧ください。

目次

第1章　誰でもヒーリングできる時代がやってきた

第2章 実践・1分間ヒーリング

第3章　からだとこころをゆるめるワーク

第4章　すべては自然界の摂理のなかに

第5章 これからの時代について～お話会での質疑応答から

カバーデザイン／三瓶可南子
本文イラスト／森海里
校正／株式会社鷗来堂
組版／株式会社キャップス

第1章

誰でもヒーリングできる時代がやってきた

ヒーリングとの出会い

「はい、わかりました。では、パワーを送りますよ。1、2、3……30。どうですか？」

「……なんだか、からだがとても温かくなりました。

あれ？　もう、ぜんぜん痛くないです！　どうもありがとうございました!!」

1987年春、高校生だった僕は、札幌で開催されていた「ある講演会」に参加していました。

ある日突然、不可思議な力を授かったという講師のI先生は、会場のあちらこちらから挙がる悩みごとに対し、両手をかざして数をかぞえながら「授かった力」を送っていきます。

時間にして一人1～2分。

その間、みるみる相談者の顔色が変化していき、前述のように痛みや悩みが軽減されていくのです。

幼少のころから目にみえない世界に敏感だった僕は、13歳のとき、このI先生の書いた本と出会い「ある日突然、授かった」という不可思議な力の凄さを、すでに実感していましたが、実物の先生に会ったのは、このときが初めて。

目の前で、たくさんの人たちが瞬時に癒されていく光景と、会場全体を包み込んでいる明るくて温かい、透きとおったようなエネルギー。

そして、会場の椅子や床にまであらわれたたくさんの金粉も、癒しの次元が存在していることを教えてくれているようでした。

「それでは最後に、皆さんへパワーを送りますよ」

あっという間に、講演会終了の時間。

となりの人の真似をして、手のひらを上に向け、エネルギーを受け取るイメージを持ったとたん、もの凄い重さが両手にのってきました。

とてもそのままの姿勢ではいられないほどの重さに、思わず目を開けてみても、手にはもちろん、なにものっていません。

ふたたび目をつぶっても、また床に手がついてしまいそうなほどの重さがのってきます。

ほんの1分間ほどのできごとでしたが、このエネルギーの大きさを質量として実感できた貴重な体験でした。

「はい、終わりました。明るく、楽しく、頑張りましょうね。どうもありがとうございました」

曇り空が、爽やかな風とともに晴れ渡ったような清々しい氣持ち。過去を悔やむことも、未来を憂うこともない、ただただ「いまを生きていることが素晴らしい！」という感覚。

Ｉ先生の講演会で感じたこの感覚が、僕のヒーリングの原点になりました。

そもそも「ヒーリング」とはなにか

衝撃的なヒーリングとの出会いと、**「その人に喜んでもらいたいという想いがあれば、誰でもできるんですよ」**というI先生の言葉に感銘を受けた僕は、高校生活を送りながら下宿先の一室でヒーリング相談を始めました。

もともと目にみえない世界に敏感な体質だったこともあってか、相談に来られた方々の不調な箇所や、そこへ癒しのエネルギーが作用する様子も感じとることができました。

目の前で、ほんの数分のうちに顔色や雰囲氣（オーラ的なもの）が、明るく軽やかになり、いつの間にか悩んでいた症状も消えていることに、相談に来られたご本人もびっくりして帰っていかれます。

金粉現象も日常茶飯事で、当時としては珍しい「高校生ヒーラー」は口コミで広がり、学校から帰ってくると下宿の玄関先には何人もの人が並んでいるようになりました。

そうした相談者の中に札幌のススキノでスナックを経営しているママさんがいました。

そのママさんも、ヒーリングでからだの不調がよくなった一人。ママさんから「こんなにからだが軽くなるなら、うちの店にもぜひヒーリングを！」と頼まれた僕は、ススキノという場所への興味も手伝って（笑）初めて「お店へのヒーリング」をさせてもらいました。

スタッフさんの休憩室のような部屋から、お店全体へヒーリングのエネルギーを送って数分後……客席から「あぁっ！」という声が聞こえました。なにかな？と思って覗いてみると、お店のテーブルやカウンター、食器、お客さんの服にいたるまで、金粉がたくさんあらわれているではありませんか。

お客さんは手品だとでも思ったようで、とても盛り上がっていましたが（笑）驚いたママさんは、仲のよいママさんどうしのネットワークで、この日のことを話したらしく、しばらくはススキノのあちらこちらからお呼びがかかる日が続きました。

どのお店もヒーリングの効果は抜群だったようで「お礼はどのようにしたらよいでしょうか？」と必ず訊かれます。「まだ高校生なのでお金は受け取れません」というと「あらまぁ、じゃあ生ビールでも」ということになって、それはありがたくいただきました（もう時効ですよね　笑）。

また「友人が体調を崩したままアメリカ行きの飛行機に乗ってしまったので、

ヒーリングしてほしい」といった相談もありました。

顔もわからず、物理的にも離れていますが、「対象が特定できれば時間や空間は関係ない」というI先生の言葉を思い出し、とりあえずやってみることにしました。

翌日、アメリカから連絡があって「ちょうどエネルギーを送っている時間に、急にラクになった」と友人が教えてくれたそうです。

たしかに、目にみえない世界では時間も空間も関係ありませんから、遠隔ヒーリングでも同じ効果があるのは当然のことなのでしょう。

神主さんの代わりに地鎮祭へ招いてもらったり、なかなか売れないという土地にお祓いをお願いされたこともありました。

こうした場合も、よく金粉があらわれます。

地面がキラキラしてくるので、これから家を建てる人は嬉しくなったかもしれませんね（笑）

売れなかった土地も、ヒーリングのあとすぐに売れたそうです。

こうしたヒーリングの効果には、僕自身も相談者の方々からいただくお声を聞いて「へぇ、こんなことも可能なんだなぁ」と、いつも他人事のように感心していました。

というのも、I先生は「これは私の力ではありません。だから、ただエネルギーのパイプ役に徹するだけなんです」と常々いっていたからです。

修行などによって得た力ではなく、癒しの次元から届けられるエネルギー。だから、どんな相談に対しても「僕じゃなくて、あちら（癒しの次元）の方がしてくれること」というスタンスが基本になります。

そこで出た結果に「へぇ、そうなんですか」としかいえないのは、そうした理由からなんですね。

さて、ヒーリングエネルギーによってさまざまな「癒しの現象」が起こることがおわかりいただけたと思いますが、ほんらいヒーリングとは**「創造主の分けみたまとしての自分に氣づくことではないだろうか」**というのが僕の実感です。

創造主という呼び方は、神様でもいいし、サムシンググレイト（偉大なる何か）でもよくて、要はすべての「本（元）」である存在。足りないものは、なにひとつありません。

ということは、分けみたまである僕たちもまた、ほんらいの姿は「完璧」なのではないでしょうか。

ヒーリングを受けに来られる方々は、なんらかの原因でこのほんらいの姿を忘れている状態。

原因はさまざまですが、ヒーリングはそのことに氣づかせてくれる手段のひとつのように思います。

さらに、ヒーリングを施す人を、治療する人、癒す人という意味で「ヒーラー」と呼びますが、ほんらいは誰もが完璧な存在。

だから、ヒーラーさん自身も氣づきのきっかけとなるご縁をいただいているだけで、ほんらい「ヒーラー」というのは、創造主だけなんでしょうね。

その場、そのタイミングで、創造主への想いを共有するご縁。

そして、施す人も受ける人も「氣づき」の機会を与えられる。

ヒーリングのほんらいの意味は、そうしたところにあるのかもしれません。

1987年に受けたメッセージ「キョウヨアケタゼヨ」

高校生ヒーラーとして、ヒーリング三昧《ざんまい》の日々を送っていた1987年のある日。

瞑想中だった僕の耳元で、突然「キョウヨアケタゼヨ」という声が聞こえました。

人間の声とはあきらかに違っていて、どこか別の次元から届いたような響きです。

そして、このメッセージはすぐに2つの漢字パターンに変換されました。

今日、夜明けたぜよ
今日、世開けたぜよ

なんで「ぜよ」？と思いながらも（笑）このときはあまり意味がわからず、癒しの次元の存在がなにか話しかけてくれたのかなぁ、という程度にしか思っていませんでした。

この言葉の意味がわかったのは、それから約20年後。

この年（１９８７年）に「ハーモニックコンバージェンス」というイベントが開かれていて、「世界各地の聖地に大勢の人が集まって『調和の祈り』を捧げたことで新しい世界の幕が開いたといわれていることと関係しているのでは？」と教えてもらったときです。

じっさい、この年を境に、地球のあちらこちらで「なにかが開き始めた」ように感じていたこともあって、とてもしっくりきた感じがしました。

時代の節目を示す「言霊《ことだま》」と「音霊《おとだま》」

地球のあちらこちらで「なにかが開き始めた」という感覚を、さらにはっきり実感したのは2012年から2016年にかけておこなった「祈りの旅」でした。個人へのヒーリングはすでにおこなっていなかった僕が、ひょんなことからさまざまな「場所」をヒーリングして歩くことになったこの4年間。訪ねた先で「エネルギースポット」が次々と開いていく様子を確認することができました。

こうした、別次元とをつなぐスポットが開くということは、これまでとは違ったエネルギーが地球に降り注ぐことも意味しています。

たとえると、携帯電話の新しい基地局ができたことで、より高度な機能が使えるようになる電波が普及していく感じ。僕たち一人ひとりが携帯電話の端末だとすると、これまでの機能（能力）を大幅にアップするために必要な「基地局」が建ったイメージです。

以前、どなたかから「平成の平という字を分解すると、一と八と十になる。これは言霊的にはイワトという意味で、平成という元号のうちに地球上のあちらこちらの岩戸開きが完成することを意味している」と教えてもらったことがあります。

平成になったのは1989年なので、現実世界の半歩先を行く「目にみえない世界」からのメッセージが1987年だったことにも納得がいきます。

2016年に祈りの旅が終わるころ、ときを同じくして、平成の天皇が生前退位を発表したことも「平成＝岩戸開きが完成する」という「元号に示された言霊」をあらわしているように思いました。

そして、令和。

「平成は岩戸開きだったけど、令和はどんな言霊なのかなぁ」と思っていたときに、あるイメージが浮かんできました。

令 ＝ 0（レイ・ゼロ）

和 ＝ 輪（わ・マル）

どちらも〇。

そして、この2つの〇がくっついて、無限大の形になったのです。

次に、たくさんの人像（ひとがた）があらわれました。

その全員の胸のあたりに、先ほどの無限大のマークがくるくるとまわっています。

平成は「場所の岩戸」が開き
令和は「ひとの岩戸」が開く

一人ひとりが自分の中にある「無限大の可能性（神性）」に氣づく時代であり、パワースポットは外側にあるのではなく、自分自身の内にあることに氣づく時代。

「令和」という元号には、そんな言霊と音霊が示されていることを直観しました。

誰でもヒーリングできる時代がやってきた

きっと、一人ひとりが自分の中にある「無限大の可能性（神性）」に氣づくためにも、平成の岩戸開きで別次元とのスポットが開き、そこから流れ込むエネルギーで地球全体を覆う必要があったのでしょう。

こうして、スポットから発せられた別次元のエネルギーは、地球上に存在するあらゆるものに影響を与えながら、新しい時代に適応できるような変化を起こしたと考えられます。

そういった変化のひとつとして僕が感じているのは、ヒーリングエネルギーが

満ちている「癒しの次元」との距離感が、ぐっと近くなったということ。

これまで、その次元とつながるために必要と思われていた「テクニック」が不要となり、誰でも簡単にヒーリングができる時代になったと感じているのです。

先ほどの、携帯電話の基地局と携帯端末の例でいうと、基地局が発する周波数の中にヒーリングがあって、携帯端末には自動的にそのアプリが搭載されているイメージです。

無限大の可能性の中には、ヒーリングも含まれていて当然ですし、ヒーリングが「創造主の分けみたまとしての自分に氣づく」ための手段のひとつだとすると、令和に満ちるエネルギーは「一人ひとりが自分の中にある無限大の可能性（神性）に氣づく」という点でも、ヒーリングエネルギーととても近いものだと思います。

２０２０年から「誰でも簡単にヒーリングができるワーク」を始めたのは、こうした時代における大きな流れの一環なのです。

第2章

実践・1分間ヒーリング

第2章と第3章は全国で開催されている「健幸ヒーリングワーク」をそのまま再現した内容となっています。

じっさいにご参加されたイメージでお楽しみいただけたらと思います。

ヒーリングエネルギーとは、もともとつながっている

こんにちは。

なんか、皆さんとっても真剣な表情ですね。

今日のワークは、いかにゆるむか（リラックスするか）がたいせつなので、まずはその真剣な表情をやめましょうか（笑）

そうそう。そんな感じで笑ってると、からだとこころは自然にゆるむんです。

からだとこころは地球限定のもので、いわば「地球服」。

いっぽう、**ヒーリングエネルギーは「目にみえない次元のもの」**です。

僕たちのおおもとである「いのち（魂）」も、目にはみえませんね。

だから、からだとこころという地球服をゆるめてあげる（リラックスする）ことで、癒しの次元と共鳴しやすくなって、ヒーリングのエネルギーも感じやすくなるんです。

ということで、３時間のワークのうち、はじめの２時間はからだとこころをゆるめるワークをご紹介します（本書では第３章でご紹介しています）。

そして、心身ともにゆるんだところで、３時間めにヒーリングのワークへ入っていきたいと思います（本書では第２章として先にご紹介します）。

今日のワークの目的をひとことでいうと、**「ヒーリングのエネルギーとは、もともとつながっている」**という感覚を実感してもらうことです。

ヒーリングのエネルギーは、もともと内在されている能力なので、その感覚を「思い出してもらう」といったほうがいいかもしれません。

ヒーリングのエネルギーとつながっていることに氣づくと、僕のお話会でよくみられる3つの現象が皆さんのまわりでも起こり始めます。

①　とても眠くなる。
②　体調がよくなる。
③　金粉が出る。

こうした現象は、皆さんがヒーリングエネルギーと交流しているから起こることです。

僕のお話会は約2時間なので、参加している皆さんはその間ヒーリングのエネルギーと交流するわけですが、皆さんがヒーラーになることで、まわりの方々は24時間お話会に参加しているのと同じ状態になるわけです……いま、ちょっとイヤな顔しました？（笑）

このワークが終わる3時間後には、皆さんヒーラーになっていますから、足取りも軽くなって、ひーらーひーらーと帰っていかれることでしょう（笑）

癒しの次元とつながるための２つの条件

このワークを２０２０年から開催しようと思ったのは、誰もが簡単にヒーリングできる時代になったと感じたからです。

平成で場所の岩戸が開き、令和で人の岩戸が開けていくことが、その大きな理由です。

たとえるなら、携帯電話や衛星放送などの基地局ができた（場所の岩戸が開いた）ので、高性能のスマホや、画素数・解像度の高いテレビが使えるようになる（人の岩戸が開く）というイメージでしょうか。

僕がヒーリングを始めた1980年代は、ヒーリングにはまだ少しのテクニックが必要だったと思うのですが、ここ数年で「癒しの次元」との距離感がとても近くなったことで、そうしたテクニックが不要になったと感じているんです。
ただ、ヒーリングエネルギーが満ちている「癒しの次元」とつながるためには2つの条件があります。

1つめは「癒しの次元が存在していることに氣づく」ということ。
2つめは「その次元にチャンネルを合わせれば、いつでもどこでもその次元とつながることができて、そこに満ちているエネルギーを活用できることに氣づく」ということ。

先ほどのスマホやテレビの例でいうと、いくら便利なアプリや面白い番組があっても、そもそもそのアプリや番組の存在を知らなければどうしようもありません。

またアプリや番組の存在がわかったら、それをダウンロードしたり、そこへチャンネルを合わせる必要がありますね。

「2つの条件」というのは、そういうことです。

1つめの条件については、このワークに参加されている時点で、すでにクリアしてます（本書を手にしている時点でも！）。

そうじゃなきゃ、ここに来てないでしょ？（笑）

2つめの条件についても、いまの時代は「その次元につながろう」と思うだけでいいんです。

だから、**ほんらいは「なにかのテクニックを使う」必要はない**のですが、潜在意識の中には、まだ「なにかをしたほうが納得しやすい」というはたらきが、少しだけ残っている時代でもあるんですね。

そこで、ほんらいは必要ないのですが、なんらかのフォーム、つまり「癒しの次元」とつながっていることに氣づくための「型」のようなものを、これからお伝えしたいと思います。

密教の三密「身口意」の考え方を活用する

さっき、からだとこころは地球限定のもので、いわば「地球服」という話をしましたが、もう1つ、地球限定のものがあります。

それは**「ことば」**です。

ヒーリングエネルギーという目にみえない次元のものを活用するために、この地球限定の3つのアイテム（からだ・ことば・こころ）を活用するのが「なるみん流ヒーリング」です。……なるみんって、僕のことね（笑）

ちなみに、この「からだ」「ことば」「こころ」という地球限定の3つのアイテムを使って「目にみえない世界」とつながろうという試みは、昔からおこなわれてきました。

たとえば、空海さんの「三密」。

空海さんがつながっていた「仏さまの世界」に後世の人たちもつながることができるようにと、残してくれた教えにも、この3つのアイテムが活用されているんです。

からだとおこない（身密）、ことば（口密）、こころ（意密）という3つ（三密）を整えること。そして、「印を組む（からだ）」、「真言・マントラを唱える（ことば）」、「曼荼羅を眺めたり、仏典・聖典を読む（こころ）」という方法は、先人がたどり着いた境地を、後世の人たちも再現できるようにする「型」でもあると思うんですね。

なるみん流ヒーリングも、この「型」を活用させてもらっています。

先ほど言ったように、ほんらいは「なにかのテクニックを使う」必要はないのですが、潜在意識の中には「なにかをしたほうが納得しやすい」というはたらきがまだ残っているので、なんらかのフォーム、つまり「癒しの次元」とつながっていることに氣づくための「型」のようなものとして、本日は「なるみん的三密」をご用意しました（笑）

どの「型」も、フッと閃《ひらめ》いて、すぐ腑《ふ》に落ちたので、癒しの次元も承認済みの三密です。

まず、からだの型は、僕たちがふだんからなじみのある**「胸の前で合掌」**にしました。

これが「癒しの次元」とつながる（つながっていることに氣づく）身密になります。

そして、ことばの型は、合掌と同じく、なじみが深くて、言ったほうも言われたほうも嬉しくなる**「ありがとうございます」ということば。**このことばは単体でみても、とてもエネルギーの強い言霊です。このことばを3回唱えます（口密）。

どうして3回なのか？それは、なるみんお得意の「なんとなーく」です（笑）

この「なんとなーく」っていう感覚、けっこうたいせつなんですよ。

真言やマントラと違って「ありがとうございます」ということばは意味がわか

るので「口密」であると同時に「意密」の役割も果たしていると思います。
さあ、これで「なるみん流ヒーリング」の３つの型が揃いました。

なるみん流　三密

身密　　胸の前で合掌する

口密・意密　「ありがとうございます」を３回言う

実践　ヒーリングワーク

基本フォーム

① 胸の前で合掌して（身密）「ありがとうございます」を3回言います（口密・意密）。

② 胸のあたりで右手をくるくると「右まわりの渦」を描くようにして3回まわしたあと、両手を目の高さにあげます。

③　あげた手をゆっくり下げていきます。自分の意思で下げるというよりも、重力で自然に下がっていくイメージです。
④　両手がおへそのあたりまできたら終了です。
⑤　②〜④を、もう1回くりかえします。
⑥　最後に胸の前で合掌して「ありがとうございます」を3回言います。

②は僕のヒーリングの師匠がじっさいおこなっていた方法です。からだの動きをともなう「型」なので、これも「身密」ですね。紹介したのは「右手で右まわり」ですが、「右手で左まわり」「左手で右まわり」「左手で左まわり」でもかまいません。

そのときに、いちばんしっくりくるやり方でオーケーです。

③であげた両手は、重力で自然と下がっていくのにまかせるイメージですが、

あまり長くなると途中で飽きちゃうんですよね。

なので、数をゆっくり30かぞえるくらいを目安に、両手がおへそのあたりへ到達するくらいがちょうどいいんじゃないかと思います。

それを2回くりかえして約1分。

たったこれだけで、ヒーリングのいろいろな効果が実感できます。

「誰もが1分間でヒーリングできる」というのは、こういうことです。

基本フォーム

①

②

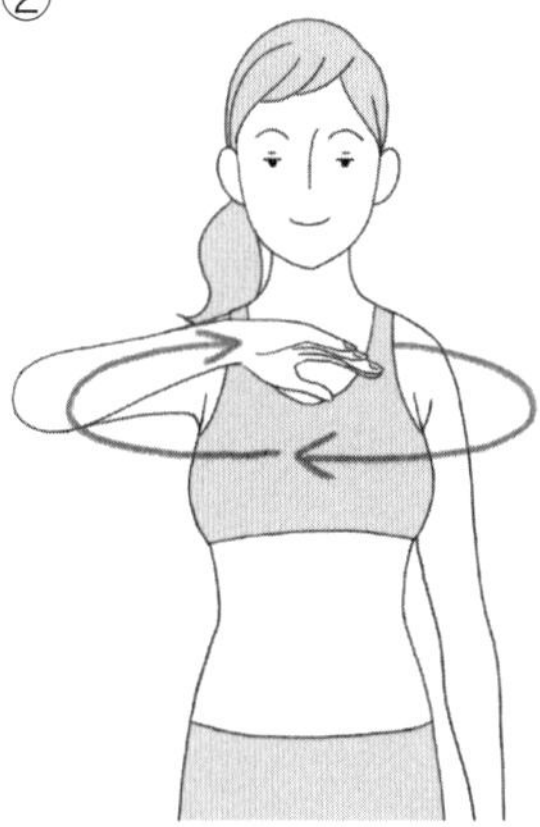

③

④

ヒーリング　３つのコツ

ヒーリングの効果が、より実感できるコツを３つご紹介します。

１つめは**「手のひらの感覚を感じる」**ということ。

手のひらや指さきが温かくなったり、ジンジンしたりという感覚があったら、その感覚を味わってください。

そうした感覚が感じられない場合は、両手を下げていくときにかぞえる30を手のひらでかぞえるイメージを持つと、手のひらに意識が集中しやすくなります。

手のひらを通じて「いま、ここ」を感じているようなイメージです。

2つめは、目を完全につぶってしまうよりも**「半開き」**ぐらいがいいです。目にみえない世界のエネルギーを、地球生活という目にみえる世界で活用するので、目を完全につぶってしまうのも、逆にらんらんと開けているのも、なんとなくしっくりこない。そこで「半眼」なんです。

仏像がそんな目をしているのも、目にみえないエネルギーで現世に救いをもたらすためには、それが「なんとなくいい感じ」だからじゃないでしょうか。

3つめは**「痛いところや悩んでいることにフォーカスしない」**ことです。

からだやこころの悩みごとを解決するためにヒーリングをおこなうのかもしれませんが、エネルギーが滞っているところへ氣持ちを寄せるよりも、なにも考えずに、ただたんたんとおこなうほうが結果はあらわれやすくなります。

癒しの次元の存在に「すべておまかせ」という心境ですね。

以上、３つのコツを紹介しましたが、なるみん流ヒーリングのいちばんの特徴は「こだわらない」ことなので、こうしたコツにもあまりこだわらず「あー、そんな感じでやるとラクかもね」くらいに、なんとなーく思っていただけるといいかと思います。

応用編１　外出先でもできる

ヒーリングのエネルギーとは、いつでもつながっているので、職場などの外出先でもヒーリングができます。

でも、知らない人の前で、合掌して「ありがとうございます」を唱えて、手をあげたり下げたりしてたら、ちょっとアヤシい人ですよね（笑）しかも、半眼だし（笑）

そこで、外出先バージョンは、さらに簡単にしてみました。

①　こころの中で「ありがとうございます」を3回言います。

②　両手の指さきに意識を向けます。

ありがとうございます。
ありがとうございます。

③ 指1本につき1つずつ、ゆっくりと数をかぞえていきます（10本なので10まで。または「ありがとうございます」を10回（指1本につき1回）唱えてもいいです）。

④ かぞえ終わったら、こころの中で「ありがとうございます」を3回言います。

ヒーリング中、目はふつうに開けていてもかまいません。数を10かぞえているあいだに認識している空間すべてがヒーリングされます。

応用編2　寝ているときにもできる

皆さん、ちょっと手のひらをみてもらえますか？

（会場から驚きの声）

なにか、いままでと違うでしょう？
温かかったり、色がまだらになっていたり、金粉が出ている人もいるでしょう。
それは、ヒーラーの手になっているからです。

皆さんが触れるものにはヒーリングのエネルギーが交流するので、飲みものや食べものの味がマイルドになったり、動物が撫でてもらいたくて寄ってきたりといったことが起こります。だんなさんが寄ってきても、やさしく撫でてあげてください（笑）

せっかくヒーラーの手になったので、寝ているときにも活用してください。

やり方は、簡単。**「からだのエネルギースポット」**へ手をあてたまま寝るだけです。

① 手をあてやすいスポットは４箇所。**胸の中央、みぞおち、おへそのした、鼠《そ》蹊《けい》部《ぶ》**です。

手をあてやすいスポット

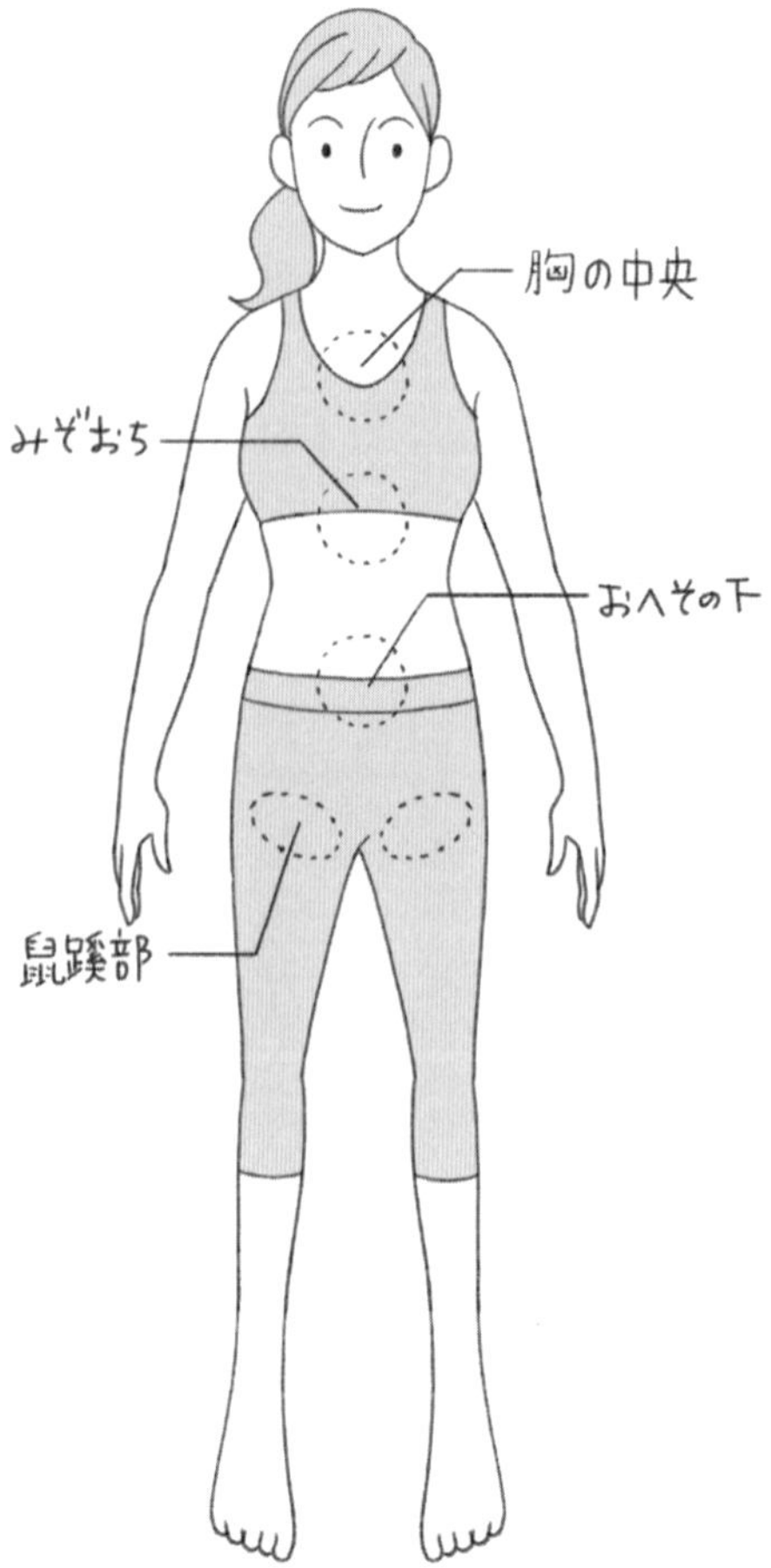

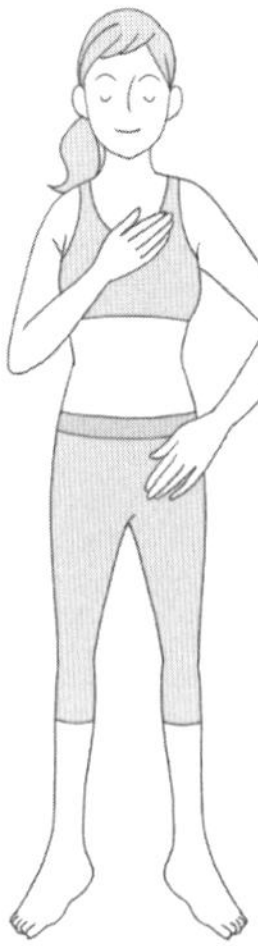

②　どこかのスポットへ、左右どちらかの手をあてます。どこへ、どちらの手をあてるかなど、組み合わせは自由です。胸の中央と鼠蹊部とか、みぞおちとおへその下とか、そのときにいちばん氣持ちのよい箇所へあててください。

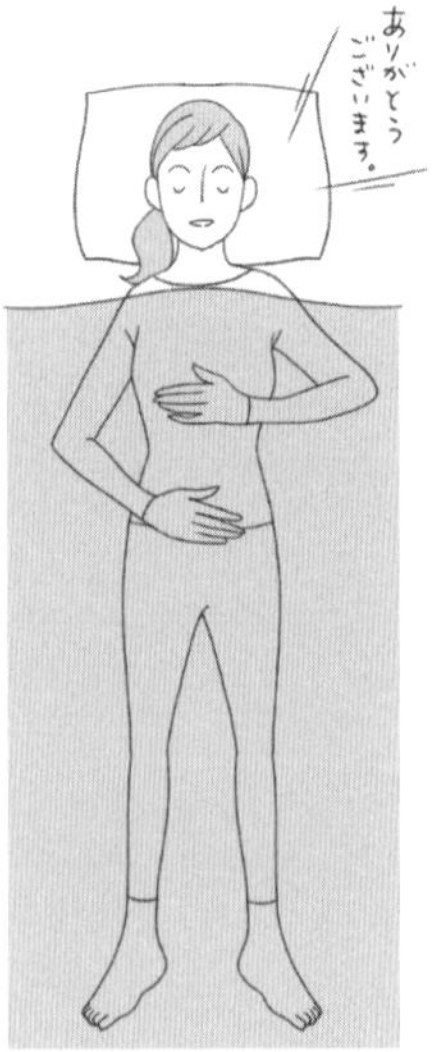

③「ありがとうございます」を3回言います。口に出して言っても、こころのなかで言ってもオーケー。

④あとは、そのまま手をあてて寝るだけです。

よく「最後のありがとうございます、は要らないんですか？」と訊かれます。
どっちでもいいです（笑）
はじめにお伝えしたように、潜在意識のなかの「なにかをしたほうが納得しやすい」というはたらきにアプローチしているだけなので、そもそもフォーム自体が不要なんです。
それに「ありがとうございます、って言わなくちゃ！」と思いながら寝たら、氣になって熟睡できないでしょ？

それと、寝ているときではありませんが、胸の中央と仙骨（骨盤の中央あたり）に手をあてていると、からだのバランスが整ってきます。
からだの内側から、あてている手のひらをみているようなイメージを持つと、より実感が高まるかもしれません。

応用編3　他者へのヒーリング

どなたかへヒーリングしてあげたいときも、基本フォームは同じです。

胸の前で合掌して「ありがとうございます」を言ったあと、その人のことを数秒間思うだけでオーケー。あとは癒しの次元に、おまかせしてください。

ただ、僕は「誰かを癒してあげる」というのは、なにかおこがましい感じもするんです。

それは、ヒーリングというのは、ほんらい**「創造主（おおもとの存在）の分け**

みたまとしての自分に氣づくことじゃないか」という感覚があるからです。

同じ分けみたまどうしだったら、それぞれがすでに「癒されている存在」ですよね。

ヒーリングを施す側も、相手の方も「氣づきのきっかけ」となるご縁をいただいているだけで、双方にとっての「氣づきの機会」がヒーリングなのかもしれない、とも思います。

だから、基本的には自分自身におこなう「セルフヒーリング」だけでいいんです。

ご自身が癒されていたら、ヒーリングエネルギーは、まわりの方にも自然に届いていますから。

ヒーリングが実感できないときは？

ヒーリングで、そのときはよくなるんだけどまた元に戻ってしまう、とか、なかなか実感できないという方がいます。

そういった方に共通していることが３つほどあるんですね。

① もう少し根本的な氣づきが必要な場合

② 然《しか》るべきタイミングを待っている場合

③ そういうプログラムになっている場合

①の「もう少し根本的な氣づき」というのは、たとえば、健康になりたいと思っているのに食べ過ぎてしまう、とか、お店を繁盛させたいのに店員さんの態度が大きいとか、ラーメン屋さんが丼に指を入れて運んでいるとか（笑）そもそも、ヒーリングの前になにかすることはないですか？　ということです。

②の「然るべきタイミング」は、美味しいワインやウィスキーをつくるためには、ある一定の熟成期間が必要なように、心身の悩みごとが解決する（氣にならなくなる）のにも一定の期間が必要となる場合があるようなんですね。

なにごとにも「機が熟する、ほどよいタイミング」があって、まだそのタイミングではないときにはヒーリングの効果もわかりづらいと思います。

③の「そういうプログラム」については、僕の祖母の話をしますね。

離れて暮らしていた祖母は、どこか体調に不安を感じるといつも電話をくれていました。

僕は、その都度ヒーリングをさせてもらって「あー、ラクになった。ありがとうね」という声を聞いて安心していたんです。

ある日、いつものようにヒーリングをしていたら、手のひらに受ける感触がなにか違う。

まったく反応がないというか、エネルギーが流れっぱなしになるような感じで、なんだか変だなと思っていたら、数日後に祖母は亡くなりました。

こうした「寿命」のような「自然界の摂理」は、どうしようもありません。

「そういうプログラム」というのは、このような「宇宙の大きな流れ」のことです。

すべてに共通するコツは、おまかせ

ヒーリングの効果が実感できない場合に考えられる「３つの理由」をお話ししましたが、じつはすべてクリアになる方法があるんです。

それは**「癒しの次元に、すべておまかせ」の氣持ち**で、ただ、たんたんとヒーリングをおこなうこと。

すると、こころの持ち方が自然に**「ヒーリング的思考」**へと変わってきます。

たとえば、①の場合だと**「ヒーリングの前に、するべきなにか（根本的なこと）」**が、ふとしたときに閃きます。

「なんだか最近腹八分目が心地よくなった」とか「うちの店員さんの態度、なんかデカくないかな？　あ、そもそも俺の態度もデカイな」とか「あ、丼に指入れてたよ！　どおりで、なんか熱いなと思った」とか（笑）

食べものの好みが変わってきたり、生活のリズムを変えてみようと思い立ったり、お店のレイアウトを新しくしたくなったりといった感じで、生活の中にいろいろな「閃き」が湧いてくるようになるので、それをたんたんと実行していくんです。

そんな**「閃いたらすぐに行動する」**という生活をしていると、いつの間にかヒーリングの効果を実感していることに氣づきます。

「根本的な氣づきってなんだろう？」と頭で考えるよりも、癒しの次元にすべておまかせして、閃きをたいせつにすることで、①はクリアになるんですね。

②と③についても、癒しの次元にすべておまかせの氣持ちでいると、いろいろなことがだんだんどうでもよくなってきます（笑）

②の場合は**「いちばんいいタイミングで、なるようになるんだろうな」**みたいな、ひらきなおりができるようになる。

すると、本当に絶妙なタイミングで起こるべきことが起こっていることに氣づきます。「いま、熟成している最中なんだ」とか「ただいま発酵中」と思っていると、ヒーリングエネルギーが、ベストなタイミングで然るべき状態へと導いてくれます。

③については、江戸時代の禅僧・良寛さんが「災難に逢わずにすむには、どうしたらいいのですか？」と訊かれて、こう答えています。

「災難に逢う時節には災難に逢うがよく候　死ぬ時節には死ぬがよく候　是はこれ災難をのがるる妙法にて候」

災難に逢いそうになったら逢ったらいい、死にそうになったら死んだらいい、これが災難をのがれるもっともよい方法だというんですね。

宇宙の大きな流れの中で、すべてはほどよいタイミングで運ばれていることがわかると、良寛さんのように「そういうプログラムなんだな」と、すべて受け入れることができるようになるでしょう。

ヒーリングは、そうした大きな流れが存在していることに氣づかせてくれる手段のひとつでもあるように思います。

健幸ヒーリングワークでの質疑応答から

Q.1　セルフヒーリングは1日に何回おこなったらよいのでしょうか？

A.　何回でも、お好きなだけどうぞ（笑）

僕は、ふだん朝と夜の2回おこなっていますが、寝るときに1回だけとか、氣がついたときに適当にという方もいらっしゃって、皆さんそれぞれ効果を実感しています。

なので、何回おこなってもいいし、忘れてたらしなくてもいいんです。

Q.2 ヒーリングのコツで「痛いところに氣持ちをフォーカスしない」ということでしたが、夜に手をあてながら寝るのは、そこを意識してしまうことになりませんか？

A.あー、たしかにそうですね。

ただ、効果があるということは、このやり方もアリということなんでしょう。ときと場合によっては、直接手を触れてラクになることもよくあるんです。

なので、お伝えしたコツは参考程度にしていただいて、ご自身がそのときにしっくりくるスタイルでおこなってみてはいかがでしょうか。

たいせつなのは、**心地よいと感じることが、そのときの自分にあったやり方**ということです。

Q.３　お話会に参加したあとは、しばらく眠い日が続きます。今日も、とっても眠いんですけど、セルフヒーリングで眠くなったら、どうすればいいでしょうか？

A.　寝てください（笑）

眠くなるのは、ヒーリングエネルギーで心身がゆるんで、ほんらいの自然な状態に戻ろうとするからです。必要なだけ眠ったら、からだもこころもすっきり軽くなりますよ。

～健幸ヒーリングワークに参加して～

ヒーリング、できちゃいました！

さっそく、ヒーリングをやってみました。
そしたら、なんと！　できちゃいました！　というか、いつもお話会の最後に周平さんがヒーリングしてくれるときに感じていた「ふぁ〜っと、明るくなって温かくなる」のが出てきたのです！

調子に乗って、職場近くの居心地のよい公園でも、社員にわからないようにやってみたのですが、これまた「ふぁ〜っと明るく温かく」なったのでした。

公園でひとりニヤケ顔の怪しい人物でした（笑）いつもありがとうございます！　あ、怪しい人物になって「ありがとうございます！」って可笑しいですね（笑）

おかげさまで職場の雰囲氣もすっかり明るく穏やかになりました。

東京都　健幸ヒーリングワークご参加者さま

まさか自分にそんな力があるなんて

私には胆管炎の持病があって時々、のたうちまわるほどの痛みが出るときがあります。

ちなみに8年前、痛みのあまり胆嚢を除去しました。

2回目のワークのあとから、この痛みが出ると、手をあててヒーリングします。

すると嘘みたいにスーと痛みが無くなるんです！

最初は偶然でした。まさか自分にそんな力があるなんて、ワーク受けてても思いもしなかったもので。

いつも藁をもすがる思いで、痛むお腹をさすります。でも、消化が進むまで2

時間くらいは痛みが続くんです。
でも、こないだから、手をあててると痛みが引きます！
もう奇跡です！
嬉し過ぎる！　感謝　感謝　感謝！
ありがとうございます!!

福岡県　健幸ヒーリングワークご参加者さま

電化製品までなおっちゃうの!?

お話会から帰ったら、飼っている犬が元氣になっていて驚き（前日まで食欲がなくてぐったりしていたんです）。それから毎回参加させてもらっています。

ヒーリングワークに参加させてもらってからも、びっくりが続いています。

まず、お話会でいつも出る金粉が、家族にも出るようになったこと（ある日は玄関にたくさん降っていました！）。

そして先日は、五十肩がたったひと晩でよくなってしまったこと。以前、反対側の肩をやったときは半年くらいかかってようやくラクになったのですが、今回は同じような症状が出てから翌朝には、よくなっていたんです！　もう、びっくり!!

それと、エアコンが壊れていたのですが、ダメもとでヒーリングしてみたら、なんと！動き出したんです。掃除機や炊飯ジャーも調子が悪かったので、やってみたら、こちらもふつうに動き出しちゃった！

ヒーリングって、電化製品までなおっちゃうの!?（笑）

本当にありがたいことばかり続いています。

北海道　健幸ヒーリングワークご参加者さま

こうして皆さんからの体験を拝見すると、あらためてヒーリングエネルギーが身近に活用できる時代になったんだなと思います。

電化製品がなおってしまうという報告もたくさんいただきますが、やはり寿命はありますので、なおらなくなったら、あまりねばらずに買い換えてください（笑）

第3章

からだとこころをゆるめるワーク

からだとこころがゆるむと、「いい感じ」になる理由

第2章のはじめで、こんなふうに書きました。


からだとこころは地球限定のもので、いわば「地球服」。

いっぽう、ヒーリングエネルギーは「目にみえない次元のもの」です。

僕たちのおおもとである「いのち（魂）」も、目にはみえませんね。

だから、からだとこころという地球服をゆるめてあげる（リラックスする）ことで、癒しの次元と共鳴しやすくなって、ヒーリングのエネルギーも感じやすく

なるんです。

ヒーリングに限らず、どんなときでも、ゆるんでいる（リラックスしている）ときがもっともパフォーマンスを発揮できます。

これは、ゆるんでいる状態が自然界の摂理（宇宙の法則）にかなっているからです。

また「ゆるむ」と「ゆるす」は語源がおなじ、という説があるように、ゆるんでいると、いろいろなことが、あまり氣にならなくなってきます。

そんな「こだわりの少ない氣持ち」も、自然界の摂理にかなった状態です。

からだとこころがゆるんでいるとき、人は「自ずと然るべき状態」になっているんですね。

からだとこころをゆるめるワーク

この章では健幸ヒーリングワークで紹介している「からだとこころをゆるめるワーク」をご紹介します。

前章のヒーリングワークとあわせて活用してみてください。

ワーク1　飛んでブラブラ運動

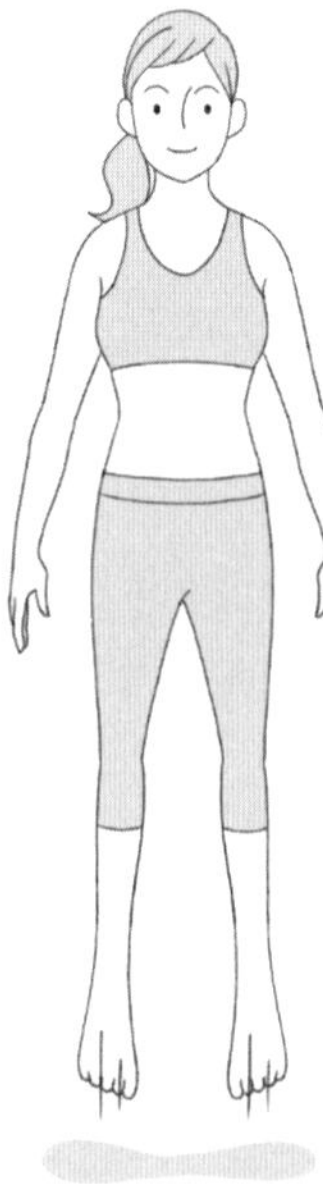

①

その場で軽く何度かジャンプをしながら、全身の余分な力を抜いていきます。

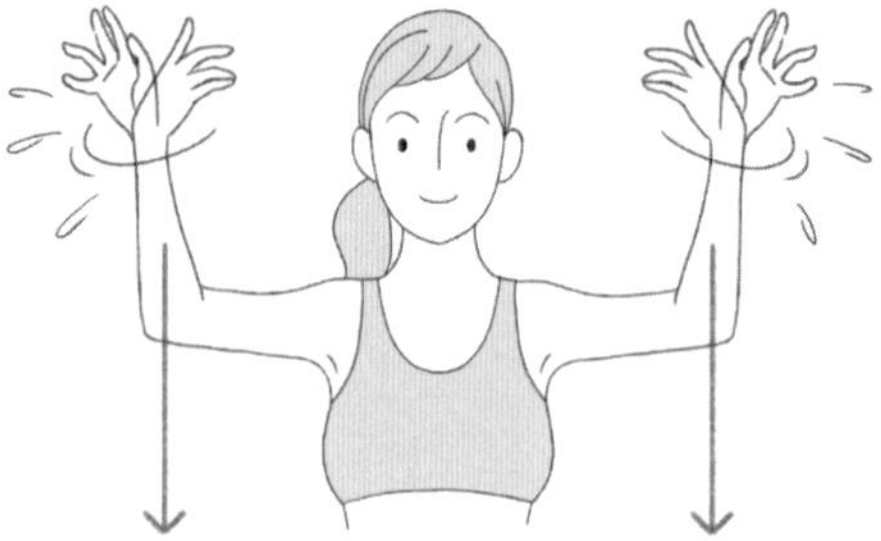

②
そのまま手についた水を払うような感じで両手をブラブラさせながら、上から下へ手を動かします。膝もゆるめて、全身に振動が伝わるような感じで。
これを3回ほどくりかえします。

③　肩幅くらいに足を開いて、左右に揺れながら両手をこすり合わせます。

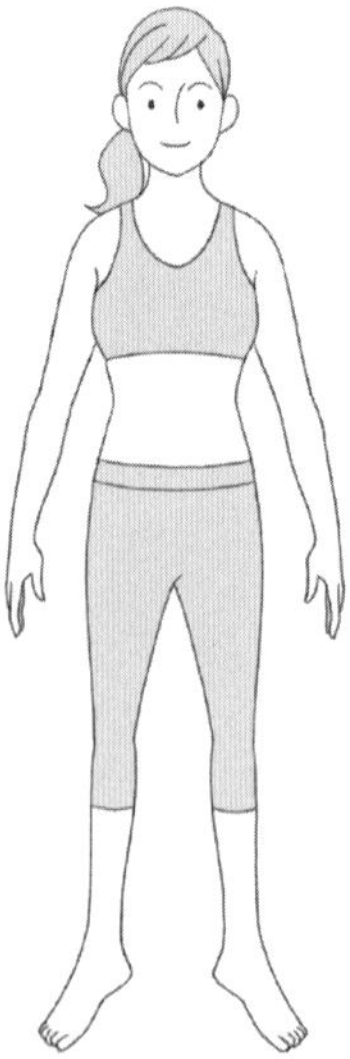

④　両手をからだの横におろして、手先と足の裏でジワジワする感覚を味わいます。

軽くジャンプをすると、からだ全体のバランスが整って、少しずつ余分な力が抜けていきます。

さらに、手先と足の裏の4箇所で末端を感じることで、意識（氣）がからだのすみずみまでいきわたり、自然にゆるんでいる（リラックスしている）状態になります。

ワーク2　でんでん太鼓体操

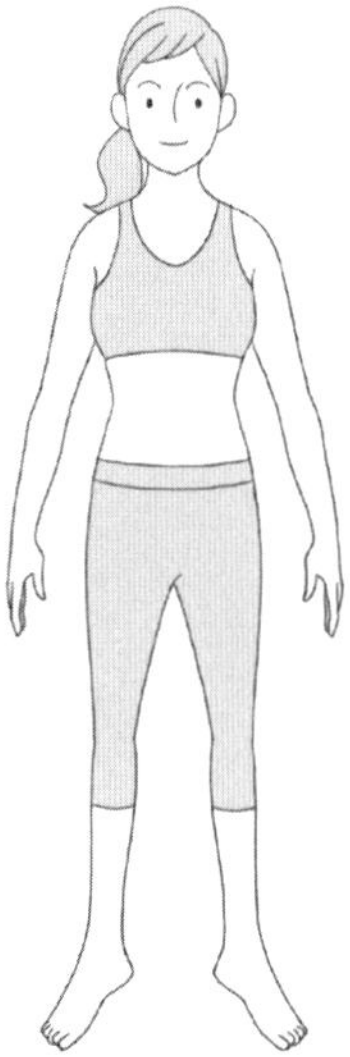

①

両足を肩幅くらいに開いて、両手のひらと足の裏を意識しながら正面をみます。

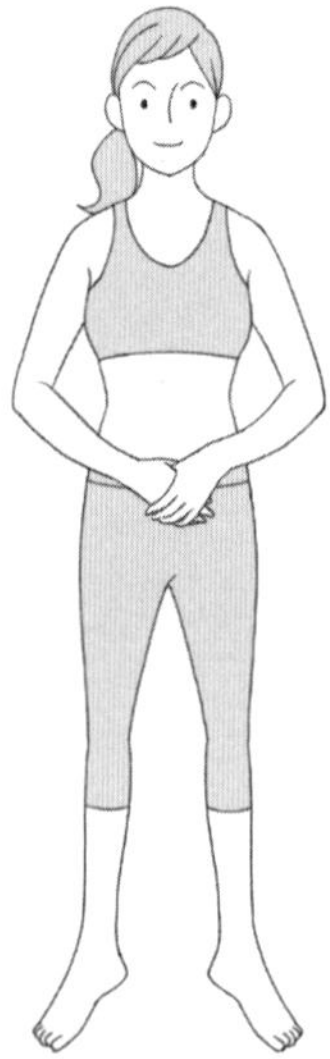

②　両手をおへその下あたりに置き、からだの中心線を軸にして、両腕を左右に巻きつけるようにひねります。

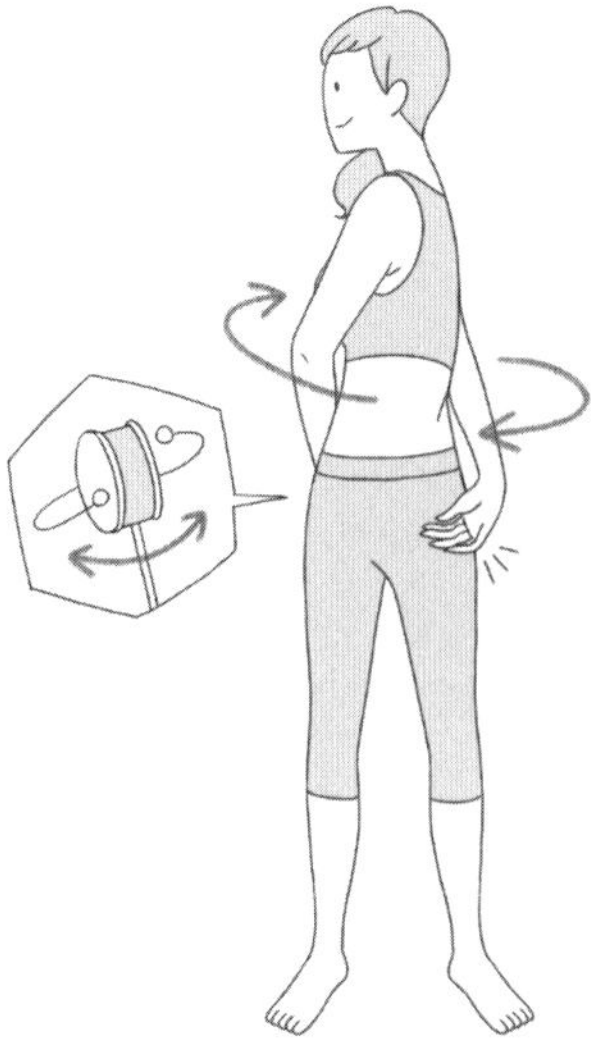

③

最初はゆっくりと小さめに、だんだんと大きくしていき（でんでん太鼓のイメージ）最後はまたゆっくりと動きを小さくしていきます。

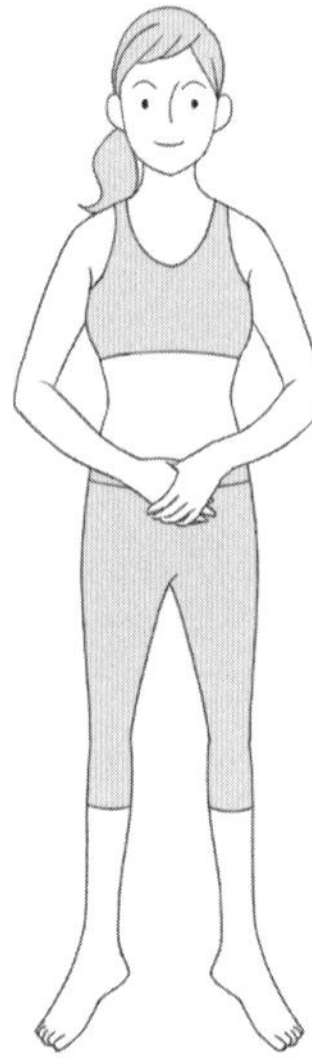

④ 両手をおへその下へ戻して、両手のひらと足の裏を意識して終わります。

もともとは、導引法のスワイショウの動きで、背骨をまわしながらの呼吸法です。

スワイ（ポーンと放り投げる）ショウ（手）の名前のとおり、手を放り投げるようにしておこなうのがコツ。

からだの芯から、ゆるんでいくのが実感できます。

ワーク3　耳をひっぱりながら、あいうべー

①　まずは耳全体をやさしくマッサージします。

②　目線を水平にたもったまま、親指と人差し指か中指で両耳をつまみます。

③　肘を軽く横にはって、両耳をやさしくひっぱります。真横より少し斜め後ろにひっぱるようなイメージです。

④　そのまま「あー、いー、うー、べー（で舌を出す）」と、それぞれの形に口を動かします。
ゆっくり5回ほどくりかえします。

たくさんのツボが集まっている耳は全身の縮図。ここをやさしくもみほぐしてあげると心身もゆるみます。
さらに、やさしくひっぱることで全身のバランスが整い、筋肉や関節のリラックス効果が高まります。

ワーク4　わかめのようにゆらゆら動く

①　その場で軽く何度かジャンプをしながら、全身の余分な力を抜いていきます。

②　肩幅くらいに足を開いて、そのままさらにリラックス。膝の力も抜いていきます。

わかめのようにゆらゆらと

③

海の中で揺れているわかめになった氣持ちで、ゆっくり、ゆらゆらと動きます。

コツは、あまり考えず適当にやることです。

波の役の人がわかめ役の人を波のように押す

④

２人でおこなう場合は、ひとりが波の役になって、わかめ役の人のからだをやさしくゆっくりと、波のように押してあげてください。交代しながらおこないます。

わかめ体操は、新体道創始者の青木宏之先生が考案した「動く瞑想法」です。青木先生は、師匠から授かった「からだから無駄な力を抜くこと」「瞑想によって無の状態になること」という教えによって「力みのない、無に近い状態」が、からだの能力をもっとも発揮できることに氣づいたのだそうです。

ゆるんでいる状態は、自然界の摂理（宇宙の法則）にかなっているということですね。

ワーク5　からだは「からだ！」と感じる呼吸法

①　ワーク1の「飛んでブラブラ運動」をおこないます。

②　リラックスした状態のまま、自分が1本の筒（パイプでもちくわでもＯＫ）になったイメージで、足の裏からゆっくり息を吐きます。

③　息を吸うときは、頭のてっぺんから「天の氣」が入ってくるイメージで。筒になっているので、スーッと入ってきます。

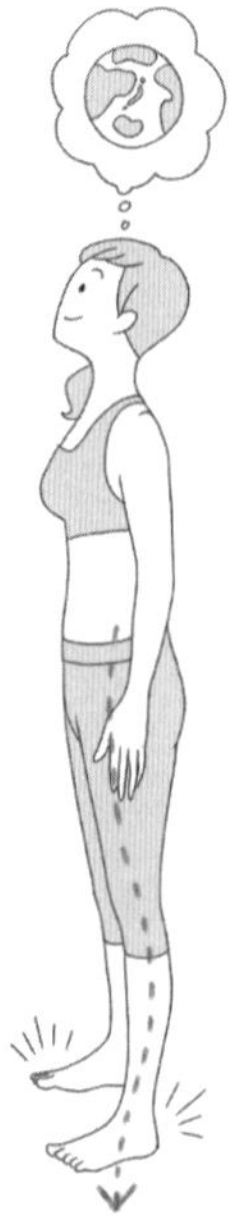

④

からだをとおった「天の氣」は、吐く息と一緒に足の裏から地球へ送られます。自分のからだをとおして「天の氣」が地球へ送られていくような感じです。

⑤　心地よさを感じる範囲で数回くりかえしたら、両手をおへその下へ。両手のひらと足の裏を意識して終わります。

この呼吸法をしていると、天と地の「間」にいるから「人間」なのかもしれないな、と感じることがあります。

宇宙の氣が「いのち」となって、からだをとおっていく感覚。

「からだは、空（から）だ！」と感じると、からだもこころもゆるみます。

からだとこころをゆるめる３つのキーワード

この章で紹介した「からだとこころをゆるめるワーク」で、たいせつなキーワードは「末端」「回転」「関節」の３つです。

末端

ふだん意識することが少ない「末端（手や足、耳など）」を感じると、からだのすみずみまで氣が流れます。

これは、ゆるんでいる（リラックスしている）のと同じ状態。

末端を意識することで、からだとこころは、ゆるむんですね。

回転

僕たちのまわりのものは、ほぼ「回転」でできています。

たとえば、ミクロでいうと遺伝子はらせん構造でできていて、原子は原子核のまわりを電子がまわっています。

マクロだと、地球の自転や惑星の公転、銀河系も渦ですね。

「でんでん太鼓体操」のような回転をイメージしたワークをおこなうと、こうした宇宙のリズムをからだが自然に思い出します。

関節

動かせるところは動かす、動かせないところは動かさない（あたりまえか 笑）ということも自然界の摂理。

そうした特徴が、もっともよくあらわれているところが「関節」です。

わかめ体操をおこなうときなどに、関節がやわらかくなっていくことをイメージすると効果はさらにアップします。

健幸ヒーリングワークで紹介している「からだとこころをゆるめるワーク」をいくつかご紹介しました。

何度もいいますが、**たいせつなのは、一生懸命やらないこと（笑）**

フォームも「正しい」より、「楽しい」を基準にして、心地よさを楽しんでください。

第4章

すべては自然界の摂理のなかに

ヒーリングのビフォーアフター

高校生ヒーラーとして下宿の一室でヒーリングをしていたころ、相談に来られた方が部屋へ入ってきた瞬間に、だいたいの悩みごとがわかりました。

たとえば、肩や腰のあたりに黒っぽい「もや」のようなものがかかっていると肩こりや腰痛、内部にそれがみえると内臓系の疾患、人間関係の悩みごとだと頭や胸のあたりにそれがあったり、全体に「重さ」や「圧力」を感じたりします。ときには「冷たさ」として感じられることもありました。

悩みごとのエネルギーは、なんとなく暗くて、重くて、冷たいんですね。

ヒーリングのエネルギーを送っていると、それがだんだんと明るく、軽く、温かく変化していき、相談に来られた方の顔色も同じように明るく、軽く、温かくなっていきます。

ヒーリングのビフォーアフター

ヒーリングのまえ　　暗い・重い・冷たい　感じ
ヒーリングのあと　　明るい・軽い・温かい　感じ

ヒーリングあとの明るさは、まぶしいというよりも、やさしくてやわらかい明るさ。

軽さは、無重力ではなく、軽やかで爽やかな空氣感という感じ。

温かさも、熱い（hot）というより温かい（warm）に近い。

つまり、すべて**「ほどよい心地よさ＝中庸（ちゅうよう）」**なんです。

ヒーリングのあとには、からだとこころ（地球服）が自然界の摂理にかなったほんらいのバランス（中庸）に戻っているということでしょう。

癒しの次元から届けられるヒーリングエネルギーが「明るくて、軽くて、温かい」ものだとすると、パイプ役になってエネルギーの媒介をしているヒーラーさんもまた「明るくて、軽くて、温かい人」というのが自然なことだと思います。

だから、話していて「なんとなく氣持ちが明るくなる」とか「軽くなる、温かくなる」という人は、みんなヒーラーさんなんです。

アフターヒーリングを日常生活で再現する方法

宇宙の法則（自然界の摂理）の中では、すべてが相関関係にあります。

それは「明るくて、軽くて、温かい」というヒーリングエネルギーの特徴を日常生活に再現することで、癒しの次元とのつながりを実感できるということでもあります。

毎日の生活のなかで、簡単に実践できる方法を紹介します。

①アフターヒーリングの「明るい」を日常生活で再現する方法

宇宙の法則はとてもシンプルなので、明るさは明るいもので再現できます。
たとえば、太陽の光。簡単なのは、起きてすぐに朝日を浴びることです。

じっさいに、太陽光を浴びることで分泌される「セロトニン」という神経物質が、自律神経や感覚器などをとおして、大きな健幸効果をもたらしてくれることがわかっています。

地球は自転しながら太陽の光を受け取っているので、**朝日を浴びることは、地球の自転をからだで感じるということでもあるんですね。**

からだとこころという「地球服」は、太陽光という「明るさ」によっても、宇宙や自然界のリズムと同調するようにできているんです。

①　朝日を浴びる

②アフターヒーリングの「軽い」を日常生活で再現する方法

こちらも、いたってシンプル。

「身軽になる」といいんです。

手っ取り早いのは、**掃除や断捨離などで身のまわりをすっきりさせること**でしょう。

とくに、玄関や窓といった「風」のとおるところや、トイレ、台所などの「水」まわりは、自然界の摂理のなかで「流れている場所」なので、きれいにしておくとエネルギーの流れもよくなります。

「風水」という言葉も、こうしたところからきているのかもしれませんね。

②　掃除で身のまわりをすっきりと

③アフターヒーリングの「温かい」を日常生活で再現する方法

「温かいものに触れるとやさしくなる」という実験結果があります。大脳の島皮質（とうひしつ）という部分が、からだの温かさと、こころの温かさの両方に関与しているというのがその理由。

ヒーリングで表情がやわらかくなるのは、こういうことなんですね。

温かいものを飲んだり、食べたりすることはもちろん、動物を撫でたり、ハグしたりすることで感じられる「温かさ」。ヒーリングの「温かさ」も「温かいもの」で再現できるんです。

③　温かさを感じる

究極のヒーリングとは？

前述の3つの方法は、目にみえない世界にまったく関心がない人にも活用してもらえる「目にみえる世界からアプローチするヒーリング」です。

どのような方法でも「癒しの次元とつながる心地よさ」を実感できたら、それがその人にとって、その時点でもっともご縁がある「ヒーリング」だと思います。

もうひとつ、別格にシンプルなセルフヒーリングがあります。

それは、**ただ「ぼーっと、空を眺める」こと**です。

人の呼吸数は1分間に約18回で、水の分子と同じ数。

これを倍にした36は人の体温の目安で、さらに倍の72は心拍数と最低血圧値の目安になっています。１４４は最高血圧値の目安、２８８は赤ちゃんがお腹のなかにいるおおよその日数です。

人間が自然界の一部であり、宇宙のリズムと同調している証だと思います。

ぼーっと空を眺めていると、風で雲が流れていく様子などが、自然と目に入ってきます。

「風」も「雲」も「流れていく様子」もすべてが、自然界の摂理そのもの。

だから、**ぼーっと空を眺めているだけで、からだとこころという地球服は自ずと自然界に共鳴して、宇宙のリズムと同調するんですね。**

そして、いつの間にか呼吸も深く、ゆっくりになっていることに氣づくでしょう。

深く、ゆっくりとした呼吸は、からだとこころがゆるんでいる（リラックスしている）サイン。つまり、ヒーリングのエネルギーを感じているのと同じ状態です。

ただ「ぼーっと、空を眺める」。

自然界の摂理が、とてもシンプルであることを教えてくれるセルフヒーリングです。

自ずと然るべき状態になると書いて「自然」。

そして、自分は、その「自」然界の「分」身。

ヒーリングのコツとして紹介した**「癒しの次元に、すべておまかせ」というシンプルな氣持ちになると、すべては「自然界の摂理」のなかにあることが実感できる**と思います。

第5章

これからの時代について
～お話会での質疑応答から

Q.1　ヒーリングで世界平和をお願いしたいのですが、どのようにしたらよいでしょうか？

A.　なにもしなくて、いいんじゃないでしょうか（笑）

基本的には、自分自身におこなう「セルフヒーリング」だけでいいと思います。

ご自身が癒されていたら、ヒーリングエネルギーは、まわりの方にも自然に届きます。

そして、その輪が自然に広がることで、自ずと然るべき状態になるでしょう。

たいせつなのは、いま目の前にあることと、いちばん身近にいる存在だと思います。

Q．2　どちらにしようか迷っている場合、なにか判断基準のようなものはありますか？

A．判断基準は……とくにありません（笑）

「癒しの次元」にすべておまかせしたら、**あとは閃いたことを行動にうつすだけです。**

すると、迷う余地がほとんどないし、たいていのことは「どっちでもいいかな」という氣持ちになっちゃうんですね。

でも、もしなにかを目安にしたいと思ったら**「自然界の摂理」**と**「アフターヒーリングの状態」**を参考にされてはどうでしょうか。

自然界は、黄金比や白銀比などにもあらわされているように「シンプルで、美しい」という特徴があります。
ヒーリングのあとは「明るくて、軽くて、温かい」状態になります。
迷ったら、こうした特徴を目安にするのも、いいかもしれませんね。
それでも迷ったら「ど・ち・ら・に・し・よ・う・か・な」で決めてください（笑）

Q. 3　いつも笑って過ごすには、どうしたらよいですか？

A. 吉本新喜劇がオススメです（笑）
でも、そもそも、いつも笑ってる必要ってありますかね？

僕は、からだも、こころ（喜怒哀楽）も地球限定の地球服だと思っているんです。

そのときの氣候や氣分によって衣服を着替えるように、感情もまた、そのときどきで変わっていいんじゃないでしょうか。

せっかく地球にいるんだから、**いろいろな感情を味わうのも地球生活を満喫する醍醐味**のようにも思うんですね。

じっさい、思いっきり泣いたり、怒ったりしたあとには、すっきりすることが多くないですか？

仏さまの不動明王さんも、いつも怒ってますしね（笑）

仏さまでも怒っているんだから「怒りもまたよし」ってことなんじゃないでしょうか……知らんけど（笑）

（大阪では、最後に「知らんけど」つけると、ウケるんです）

ということで、いつも笑ってなくてもいいんじゃないかと思います。
僕のお話会でも、面白くないときは笑わなくてていいですよ。
……やっぱり、笑ってください（笑）

Q.4 「目にみえない世界」のことは、どのように考えたらよいのでしょう？

A. 目にみえないんだから、考えなくてもいいんじゃないでしょうか（笑）
「目にみえない世界」については、いろいろな人が、さまざまな情報を発信していますね。

そうした情報を「こころの支え」として取り入れていくのであれば、感性を豊かにしてくれる「地球生活の彩り」になると思いますが、それが生活のメインになったり、依存につながってしまうと、せっかく自らのからだとこころに顕現されているたいせつなことに氣づきにくくなってしまうように思うんです。
だから、「目にみえない世界」について、関心を持ち過ぎる必要はないでしょうね。

地球でしか体験できない「いま、ここ」を満喫して、地球服を脱いで向こうへ還るときには、きっとぜんぶわかると思いますよ。

Q.５　新しい時代に乗り遅れないための方法を教えてください。

A．とくに、なにもしなくても乗り遅れません。

時代が変わっていくことも自然界の摂理なので、「自」然界の「分」身である「自分」も一緒に、その時代に合った「自ずと然るべき状態」になるからです。

地球って、けっこうなスピードで自転してるんですけど（赤道付近では時速1、700km！）置いていかれてる人、みたことあります？（笑）

皆さん、ちゃんと一緒にまわってるってことは、地球が新しい時代へ進んでいるときもそのままで大丈夫ってことです。

自信がなかったら、一生懸命走ってもいいですよ（笑）

……え？　逆走しちゃったら、ですか？（笑）

1周まわったら、また戻ってくるから大丈夫です。

Q.６　これから、どんな時代になるのでしょうか？

A.　いい時代になります、以上！……じゃ、ダメですか？（笑）

　ここ数十年はエネルギー的な観点からみても、とても大きな変化がありました。いつもお話会やブログなどでお伝えしている「ヒーリングエネルギーが満ちた癒しの次元との距離感が近くなったこと」も、そうした変化のひとつで、氣づきさえすれば、誰もがもれなくこのエネルギーの恩恵を活用できる時代になったんですね。

世の中は、どんどん「やさしい方向へ進んでいるらしい」という研究もあります。

はるか昔のご先祖さまの時代から「他人を思いやる遺伝子」の優位なグループが生き残っていくことがわかっていて、これは食糧危機のときなどに、お互いを助け合うことができるという理由からだそうです。

他人を思いやることで分泌される「オキシトシン」という健幸ホルモンも、この遺伝子が関係していますから、僕たちは「やさしさが健幸につながる」ことを「本能レベルで知っている」ということになります。

植物は、自分が必要とする以上に葉をつくって光合成をするそうです。

その葉っぱは、やがて落ち葉となって微生物の餌になります。そして木の実は、虫や鳥が食べるでしょう。

自然界の循環も「自分が必要とする以上に葉をつくる」という「利他」から始まっているんですね。

目にみえないエネルギー的な観点からみても、世の中は、こうした「やさしさ」をとおして「自然界の摂理」へと還る本能を、ますます高めていっているように思うんです。

身近になった「癒しの次元」から届く、明るくて、軽くて、温かい感じ、すべて満たされたような、なんともいえない心地よさは、さらに人をやさしくしてくれるでしょう。

そんなやさしさに満ちた世界では、ヒーリングさえ必要のない時代になっているのかもしれませんね。

「いい時代になります」というのは、そういうことです。

おわりに

最後までお読みいただきどうもありがとうございました。
ここから読み始めた方も、お手に取っていただきありがとうございます（笑）
この本は、ずっとヒーリングのエネルギーが満ちた「癒しの次元」と交流しながら書きました。
きっと、読んでいるうちに、眠くなったり、からだやこころが軽くなったり、なんだか温かく感じたりといったことを体験された方も多いのではないでしょうか。

なかには、手のひらや衣服などに金粉があらわれた人もいるかもしれません。

こうした現象は、すべてヒーリングエネルギーと交流した証です。

内容が退屈で眠くなったわけではありません……たぶん（笑）

２０１９年（令和元年）11月。

伊勢ヒーリングツアーのバスの中で、僕はこんなアナウンスをしました。

「いま、皆さんは蛹《さなぎ》になっている状態です。これから蝶《ちょう》になって、ますます自由に飛び立っていく……そんなイメージです」


ツアー中、エネルギー的な変容をくりかえしていた皆さんが、最終日のこの日、蚕《かいこ》の繭《まゆ》に入っているようにみえたのです。

そして、最終訪問先である瀧原宮の参拝後、イメージどおり、皆さんのエネルギーは蝶のように、自由で軽やかに、より精妙なものへと変化していました。
その美しい蝶の形は、令和という元号に示されていた言霊と音霊が織り成す「無限大」のマークそのもの（本書31ページをご参照ください）。

一人ひとりが自分の中にある「無限大の可能性（神性）」に氣づく時代であり、パワースポットは外側にあるのではなく、自分自身の内にあることに氣づく時代の到来を、はっきりと告げてくれているように感じました。

ヒーリングエネルギーが満ちた「癒しの次元」との距離感が、ここ数年でとても近くなったことで、誰もが簡単にこのエネルギーを活用できるようになったことは、こうした「無限大の可能性（神性）」のひとつ。
本書の「1分間ヒーリング」も、こうした自然界の摂理（宇宙の法則）に沿った大きな流れの一環として、ご縁ある皆さんのお手元へ届けられているのだと思います。

「曇り空が、爽やかな風とともに晴れ渡ったような清々しさ。そして、過去を悔やむことも未来を憂うこともない、ただただ、いまを生きていることが素晴らしい！　という感覚」

ヒーリングの師と仰ぐI先生とはじめて出会ったときに感じて以来、僕のヒーリングの原点となっているこの感覚も、本書を通じてお届けできていたらとても嬉しく思います。

出版にあたりまして、ご尽力いただきました武井章乃編集長、ご関係者の皆さまにこころより感謝申し上げます。
家族とスタッフの皆さん、いつも本当にありがとう！
そして、あなた様との貴重なご縁に、こころからの感謝を込めて。

二〇二一年初夏の日に

鳴海周平

◆インフォメーション

現在、個人的な相談やヒーリングはおこなっておりませんが、各地で開催されている「お話会」では、ご参加の皆さんへ「一斉ヒーリング」をさせていただいております。「お話会」また本書で紹介している「1分間ヒーリング」は「健幸ヒーリングワーク」として、じっさいに体験していただくワークショップを各地で定期的に開催しております。

「お話会」「健幸ヒーリングワーク」などの開催スケジュールにつきましては、左記にてご案内しておりますのでご参照くださいませ。

鳴海周平ブログ「こころとからだの健幸タイム」　https://ameblo.jp/npure/

エヌ・ピュアホームページ　https://npure.co.jp/

※　セミナー・イベントページよりご確認ください。

メールマガジン「週刊エヌ・ピュア」 https://npure.co.jp/08_form/

※ ブログ、ホームページのサイドバーからもご登録いただけます。

エヌ・ピュアの公式 LINE にご登録いただくと
最新情報が届きます。

鳴海周平　（Narumi Shuhei）
1971年北海道生まれ。心身を癒す高波動製品の開発・普及にあたる㈱エヌ・ピュア代表として、スピリチュアルな内容も交えた健幸情報を、講演や著作などで発表している。またライフワークである世界各地への巡礼を、ブログやメールマガジンで公開。著書に『医者いらずになる「1分間健康法」』（帯津良一氏との共著）『[小食・不食・快食] の時代へ』（はせくらみゆき氏との共著・共にワニ・プラス）などがある。

1分間ヒーリング
癒しの次元につながって、あなたを覚醒させる方法

第１刷　2021年８月31日

著　者　　鳴海周平
発行者　　小宮英行
発行所　　株式会社徳間書店
〒141-8202　東京都品川区上大崎3-1-1
目黒セントラルスクエア
電　話　　編集(03)5403-4344／販売(049)293-5521
振　替　　00140-0-44392
印刷・製本　図書印刷株式会社

ISBN978-4-19-865338-5